Aufgepeppte
TEXTILIEN
mit Transfer-Stoffmalfarbe

Coreen Marsing

Impressum:
© 2003 Bücherzauber Verlag, 41540 Dormagen
ISBN: 3-935997-32-9 Best.-Nr.: 97329

Fotos: Peter Wirtz, Dormagen
Styling: Angelika Nowotny
Grafik/Zeichnungen: Daria Broda
Lithos: IMS Integrated Media Solutions GmbH, Köln
Layout/Satz/Bildbearbeitung: Marion Haustein, Dormagen
Druck: Neusser Druckerei und Verlag GmbH

Das Gesamtwerk sowie die darin abgebildeten Motive sind urheberrechtlich geschützt. Jede gewerbliche Nutzung oder Vervielfältigung der abgebildeten Entwürfe – auch auszugsweise – ist nur mit schriftlicher Genehmigung des Herausgebers gestattet. Das Gleiche gilt auch für die Verbreitung, Vervielfältigung oder sonstige Verarbeitung mit elektronischen Systemen.

Alle Materialangaben und Arbeitsweisen für die abgebildeten Motive wurden sorgfältig geprüft. Eine Garantie oder gar Haftung für eventuell auftretende Schäden können seitens der Autorin oder des Verlages nicht übernommen werden.

Auflage: 8. 7. 6. 5. 4. 3. 2. 1.   Rechte Zahl ist maßgebend.
Jahr: 2006 2005 2004 2003

Vorwort

Ein Traum geht in Erfüllung. Endlich können wir unsere Lieblingskleidung mit der aufbügelbaren Textilfarbe selbst gestalten und eigene Ideen verwirklichen. Eine aussortierte Jeans bekommt wieder richtig Pep und ein kleines Loch im T-Shirt kann ganz schnell mit einem hübschen Motiv in Vergessenheit geraten. Für den Glitzereffekt sorgen kleine Strasssteine, die gerade bei Mädchen total angesagt sind. Auch eine selbst gestaltete Herbsttischdecke ist mit den neuen Textil-Pens kein Problem mehr. Sind Sie neugierig geworden? Na dann, nichts wie ran ...! Viel Spaß beim Nachbasteln!

Herzlichst Ihre

Coreen Marsing

Widmung

Ein herzliches Dankeschön an die Firmen Signotex und Marabu, die mir ihre Farben zur Verfügung gestellt haben.

Außerdem möchte ich den Firmen Knorr Prandell Creative Hobbies, Hobbygross / efco sowie Rayher Hobbykunst meinen Dank für die gute Zusammenarbeit bei all meinen Büchern aussprechen.

Material & Werkzeug

* aufbügelbare Textilfarbe (Konturenfarbe und Malpens)
* Kleidungsstücke
* Tischdecken, Filztaschen, Eierwärmer
* Schleifenband, Kordel
* Malfolien, Bügelpapier, Bügelmalfolie in Gold
* Feinmaldüsen, Ø 0,5 - 0,7 mm
* schwarzer Textilstift
* Zahnstocher, Applikator
* Silhouettenschere
* Lappen
* Bügeleisen

Tipps & Tricks

* Kleidungsstücke vorher ohne Weichspüler waschen.
* Alle Farben sind untereinander mischbar.
* Jede Farbe kann als Kontur verwendet werden.
* Malfolie aus PE oder PP verwenden.
* Beim Aufbügeln des Motives eine harte Unterlage benutzen.

* Motiv mit Bügelpapier abdecken.
* Bügeltemperatur 180° Grad (Baumwoll-Einstellung).
* Bügeleisen mit Druck ca. 15 Sekunden auf das Bügelpapier pressen, ohne es zu bewegen. Anschließend drei Minuten mit leichtem Druck und unter ständiger Bewegung fertig bügeln.
* Zum Waschen das Kleidungsstück auf links drehen und danach immer von links bügeln.
* Verzierte Kleidungsstücke je nach Hersteller der Textilfarbe bei höchstens 30° Grad waschen.
* Schmucksteinchen auf dem aufgebügelten Motiv arrangieren, mit Bügelpapier abdecken und festbügeln.

So wird's gemacht!

1. Gehen Sie wie bei Window Color vor. Zunächst legen Sie die transparente Malfolie auf das Motiv vom Vorlagenbogen. Das Motiv mit einer Kontur umgeben, um ein mögliches Ineinanderlaufen der Farben zu vermeiden. Arbeiten Sie bei größeren Motiven von innen nach außen. Die Kontur ca. 3 Stunden trocknen lassen, anschließend das Motiv ausmalen. Bei kleinen Motiven die Farbe in der Mitte der Fläche auftragen. Zum Verteilen der Farbe einen Zahnstocher nutzen. Beim Ausmalen darauf achten, dass keine Lücken zwischen Kontur und Farbe bleiben.

2. Das Motiv ist nach 5-10 Stunden trocknen und abziehbar. Äußere Konturen eventuell mit einer Schere begradigen.

3. Anschließend das Bügeleisen auf Baumwolltemperatur erwärmen und das Kleidungsstück faltenfrei auf das Bügelbrett legen. Das abgezogene Motiv an der gewünschten Stelle platzieren. Ein Bügelpapier darüber legen und das Bügeleisen ca. 15 Sekunden mit Druck auf das Motiv pressen. Würden Sie nun schon mit kreisenden Bewegungen bügeln, bestünde die Gefahr, dass sich das Motiv auf dem Kleidungsstück verschiebt. Anschließend drei Minuten mit leichtem Druck und unter ständiger Bewegung das Motiv endgültig festbügeln.

4. Das Bügelpapier vollkommen abkühlen lassen und abziehen.

Aufbügeln von Metallfolie

Das Motiv (in diesem Buch z.B. ein Stern) oder nur Motivteile komplett ohne Kontur vormalen, trocknen lassen, abziehen und auf einem faltenfreien Stoff platzieren. Die Metallfolie mit der Effektseite nach oben auf das Motiv legen, ein Bügelpapier darauf geben und bei Baumwolltemperatur mit langsamen, kreisenden Bewegungen die gesamte Fläche des Motivs ca. 1 Minute mit Druck bügeln. Dabei das Bügeleisen nicht schieben. Die Bügelmetallfolie vollständig abkühlen lassen und gleichmäßig vorsichtig abziehen. Das Bügelpapier und die Metallfolie erst nach dem Erkalten entfernen.

Wichtig: Die Motivfläche gleichmäßig bügeln. Die Bügelzeit beträgt je nach Größe des Motivs 1-2 Minuten. Handwäsche empfohlen.

Frohe Ostern

Material
* schwarze Textilpen-Konturenfarbe
* Textil-Malpens:
weiß, gelb, hellblau, rubinrot, orange, flieder, braun, haut, dunkelgrün
* weiße Baumwoll-Geschenkdose
* Tischdecke, 75 x 75 cm
* Servietten, 38 x 38 cm
* gelbes Satinband, 1,5 cm breit
* grüner Deko-Draht

Tischdecke und Servietten

Übertragen Sie die Konturen der Motive vom Vorlagenbogen auf die Malfolie. Nach dem Trocknen die Innenflächen farbig ausfüllen. Nach einer ausreichenden Trockenzeit die Motive von der Malfolie abziehen. Die frisch aus dem Ei geschlüpften Küken als Blickfang in die Ecken der Decke platzieren. Die beim Schlüpfen entstandenen Risse in der Schale ergänzen. Je ein buntes Ei auf einem Stück Wiese rechts und links des Kükens anordnen. Die noch vorhandenen Zwischenräume mit jeweils drei kleinen bunten Eiern auffüllen.

Die Motive mit Bügelpapier abdecken und aufbügeln. Hübsch und zur Tischdecke passend die Servietten mit einem kleinen Marienkäfer versehen, ebenfalls mit Bügelpapier abdecken und aufbügeln.

Geschenkdose

Den Hasenkopf wie in der Grundanleitung auf Seite 5 beschrieben vorbereiten und auf dem Deckel der Dose platzieren. Das Motiv mit Bügelpapier abdecken und aufbügeln. Bunte Streublumen auf dem Rand der Dose verteilen und ebenfalls mit Bügelpapier abgedeckt festbügeln. Ein gelbes Satinband als Umrandung um den Deckel kleben. Den Hals des Hasen mit einer kleinen gelben Satinschleife schmücken.

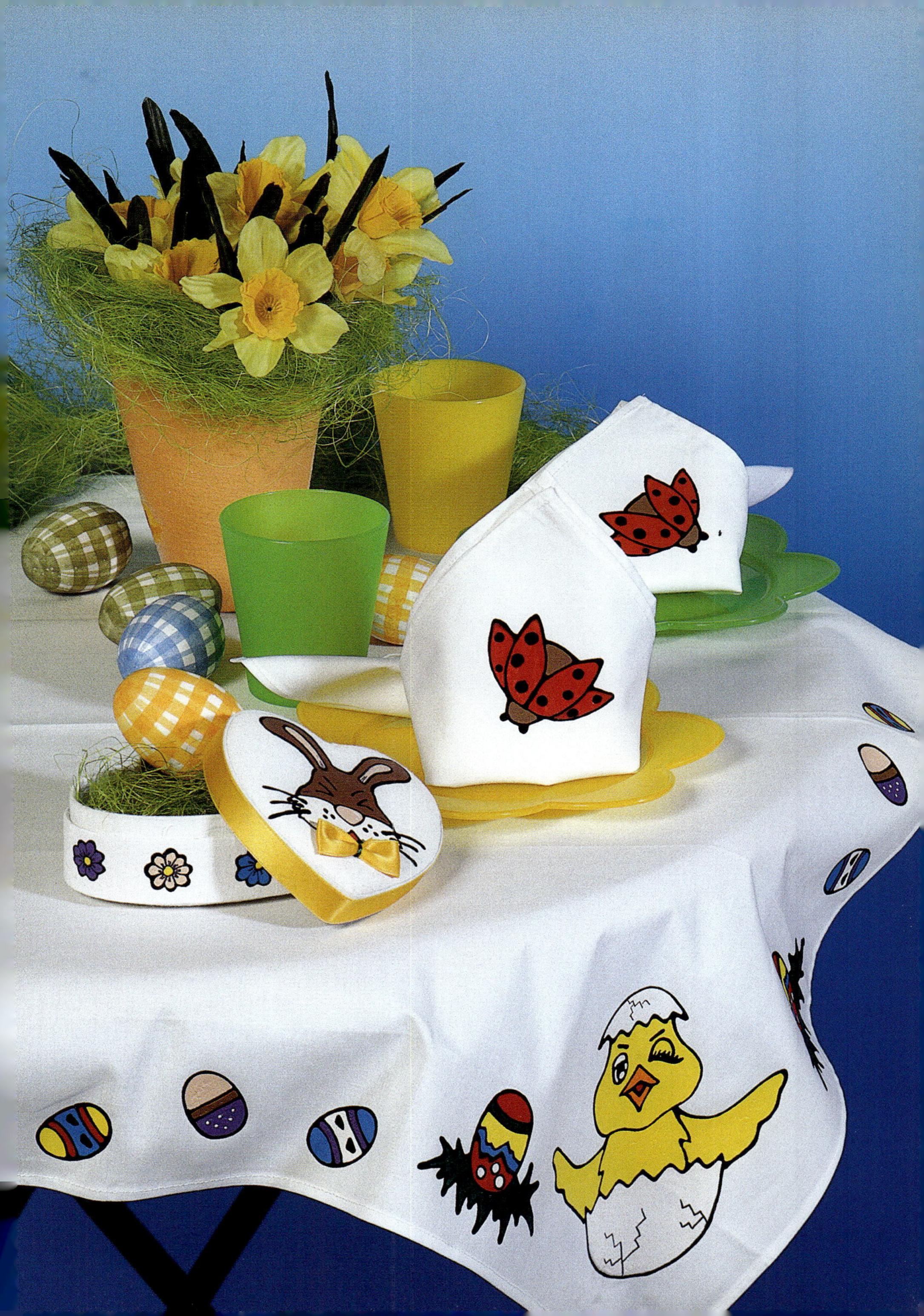

Im Country-Stil

Material
- schwarze Textilpen-Konturenfarbe
- Textil-Malpens:
weiß, gelb, haut, signalrot, rubinrot, hellblau, dunkelblau, grün, dunkelgrün, braun, flieder, silber
- dunkelblaues rundes Stuhlkissen
- gelber Topfhandschuh
- grünes Baumwollhandtuch, 60 x 100 cm
- weiß-gelb kariertes Schleifenband, 0,5 cm breit
- schwarzer Textilstift

Handschuh

Das Motiv vom Vorlagenbogen auf die Folie übertragen. Die Konturenfarbe ausreichend trocknen lassen und anschließend farblich gestalten. Das Motiv nach dem Trocknen von der Folie abziehen und auf dem Handschuh anordnen. Den oberen Rand des Handschuhs ziert ein schwarzes Ornament. Die Katze vor dem Vogelhäuschen deckt die Handfläche ab. Je eine weiße Blüte als Ranke und seitlich am Dach positionieren. Drei schwarze Raben in verschiedene Richtungen kreisen lassen. Den Handschuh mit Bügelpapier abdecken und die Motive aufbügeln.

Handtuch

Die Katzen und Herzen laut Grundanleitung von Seite 5 vorbereiten. Die fertigen Motive von der Folie abziehen. Die Herzen in der unteren Mitte des Handtuches, die Katzen rechts und links davon anordnen. Die Motive mit Bügelpapier abdecken und festbügeln. Abschließend kleine Schleifchen als Halsschmuck an die Katzen nähen.

Stuhlkissen

Das laut Grundanleitung von Seite 5 vorbereitete Vogelhäuschen mit dem Zaun am unteren Rand des Kissens platzieren. Für helle Farbtupfer sorgen die weißen Blüten an den Seiten sowie die Vögel oberhalb des Häuschens. Den Welcome-Schriftzug über der idyllischen Szene anordnen. Alles mit Bügelpapier abdecken und aufbügeln.

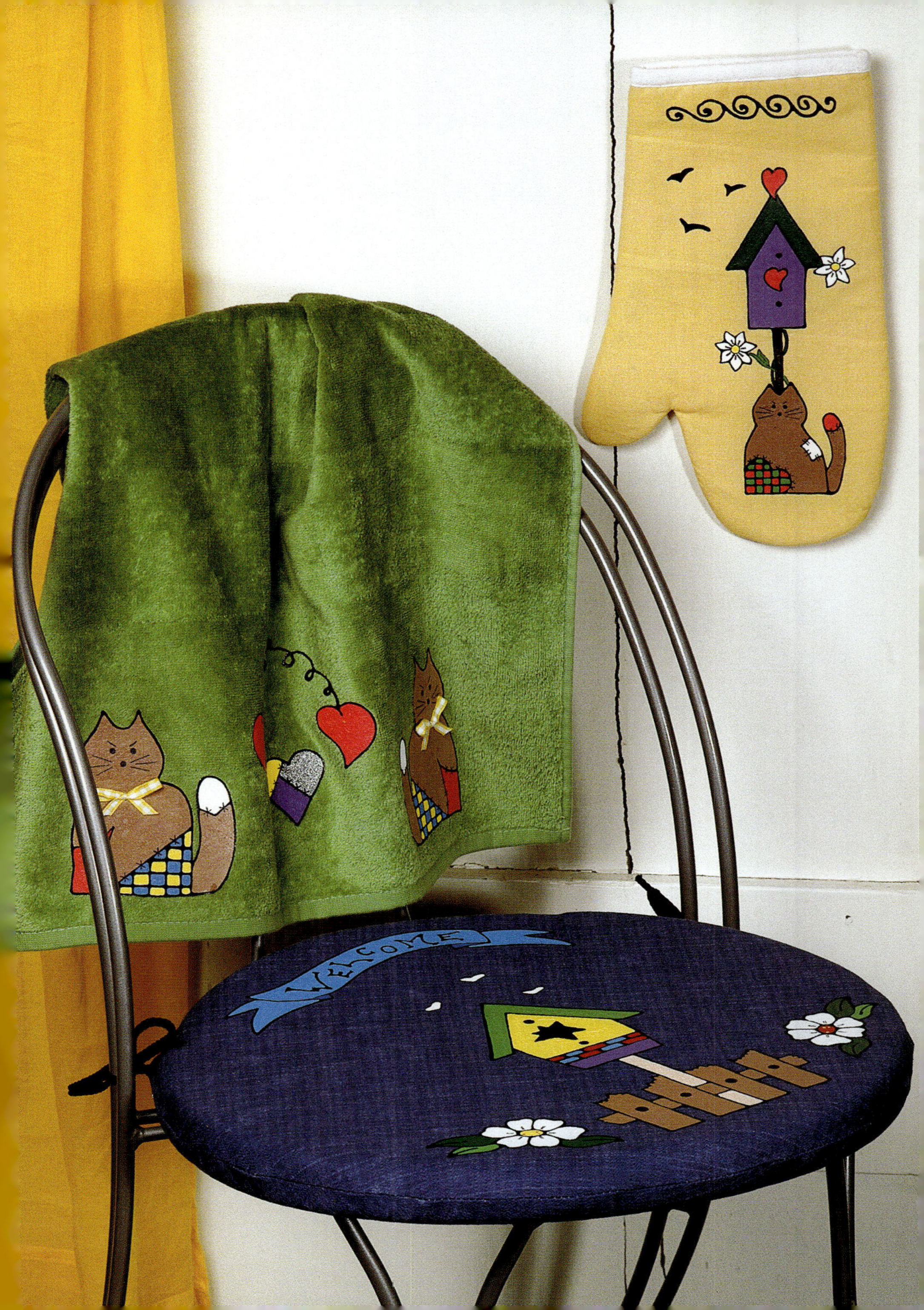
WELCOME

Gänselieschen auf der Wiese

Material
* dunkelblauer Zierkissenbezug, 40 x 40 cm
* pinkfarbene Filztasche
* gelbe Sommerbluse
* schwarze Textilpen-Konturenfarbe
* Textil-Malpens:
weiß, gelb, haut, rubinrot, braun, hellblau, dunkelblau, flieder, hellgrün, dunkelgrün, orange
* gelbes Satinband, 0,4 cm breit
* schwarzer Textilstift

Filztasche
Die kleine Gänsehirtin mit schwarzer Kontur vom Vorlagenbogen auf die Malfolie übertragen. Die hellgrünen Grashalme ohne Kontur übertragen. Nach dem Trocknen der Konturenfarbe die Innenflächen laut Abbildung ausmalen. Die Motive von der Malfolie abziehen. Anschließend zuerst das Mädchen auf der Tasche platzieren, die kleine Gans ebenso wie die Grashalme etwas unter das Kleid schieben. Alles mit Bügelpapier abdecken und aufbügeln. Die Grashalme nach dem Aufbügeln mit einem schwarzen Textilstift umranden. Eine kleine gelbe Satinschleife legen und am Hals der Gans festnähen.

Zierkissen und Sommerbluse
Die Malfolie auf das Motiv des Vorlagenbogens legen und die Konturen der Gans im Schilf übertragen. Nach dem Trocknen die Innenflächen mit Farben ausfüllen und ebenfalls trocknen lassen. Die feineren Konturen an den Innenflächen der Blüten oder Schilfblätter nachträglich mit dem schwarzen Textilstift auftragen. Die Gans von der Malfolie abziehen, mittig auf dem Kissen platzieren und mit dem Bügelpapier abdecken. Das Bügeleisen auf Baumwolltemperatur erwärmen und das Motiv durch langsame, kreisende Bewegungen auf dem Kissen befestigen. Nach dem Abkühlen das Bügelpapier vorsichtig abziehen.

Für die Sommerbluse nur die Blüten des Gänsemotivs auf die Malfolie übertragen, nach dem Trocknen abziehen und auf der Bluse festbügeln.

Tipp!
Kombinieren Sie doch auch mal Teilmotive mit andersfarbigen Textilien.

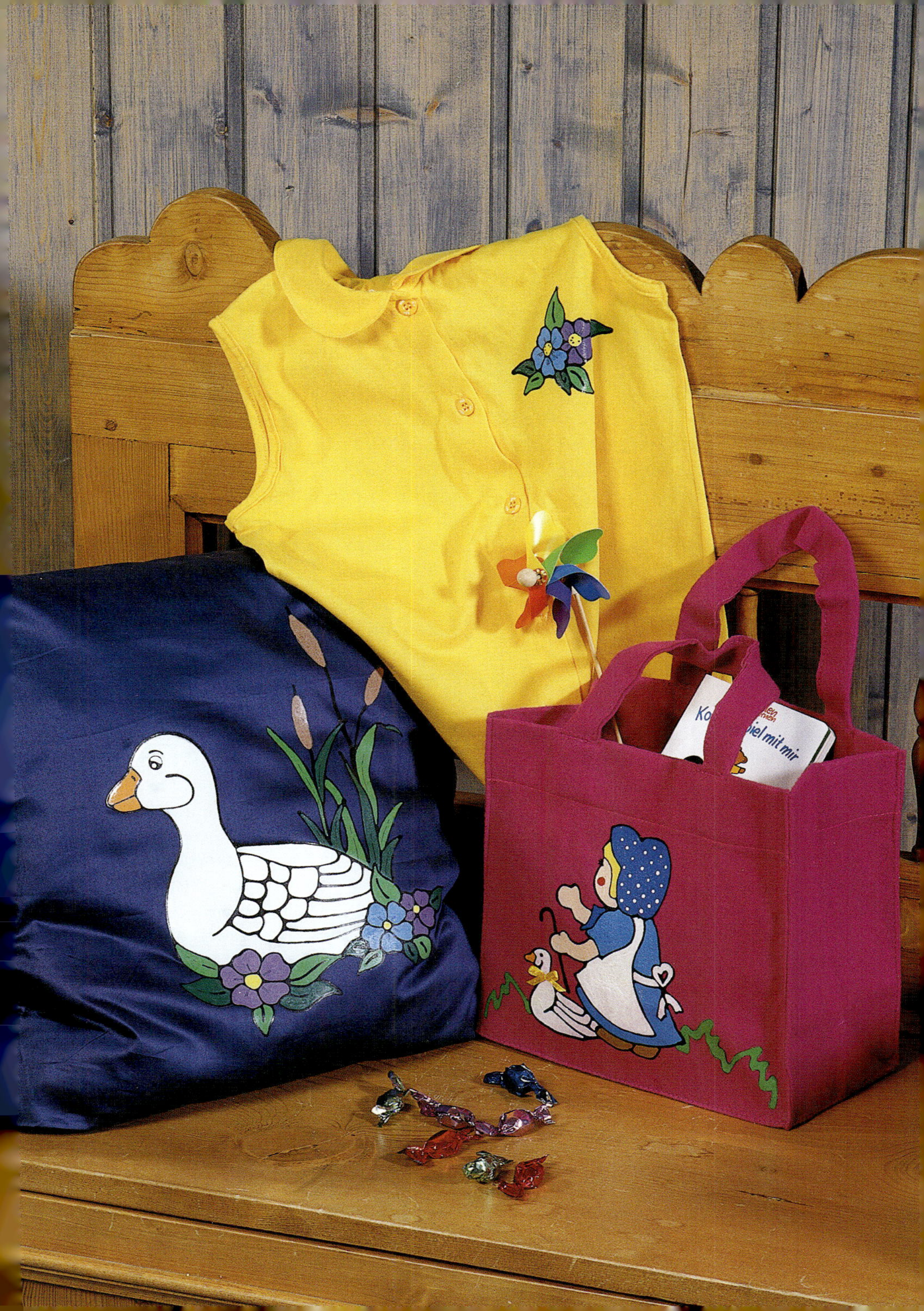

Stubenwagengarnitur

Material
* Zierkissen mit Spitze, 40 x 40 cm
* weißes Kopfkissen, 80 x 80 cm
* schwarze Textilpen-Konturenfarbe
* Textil-Malpens:
weiß, haut, gelb, signalrot, hellblau
* apricotfarbenes Satinband,
3,5 cm und 3 mm breit
* aufbügelbare Sterne: silber, pink
* schwarzer Textilstift

Die Konturen des Sterns auf der Wolke und die der Schleifenbänder vom Vorlagenbogen auf die Malfolie übertragen. Den Namen des Kindes ebenfalls auf die Malfolie schreiben. Nach einer ausreichenden Trockenzeit die Wolke blau und das Sternchen gelb ausmalen. Der Stern erhält einen roten Mund, hautfarbene Wangen und lustige Lichtreflexe in den Augen. Drei gelbe Pünktchen lockern die Wolke ein wenig auf. Nach dem Trocknen mit einem schwarzen Textilstift kleine Nähstiche an der linken Seite des Sterns andeuten, eine Nase aufmalen und die Wangen umranden. Die Schleifenbänder hautfarben, gelb und hellblau ausmalen. Den Stern auf der Wolke sowie die Schleifenbänder von der Malfolie abziehen und laut Vorlage auf dem Kissen anordnen. Den Namen des Kindes in den dafür vorgesehenen Freiraum einfügen.

Alle Motivteile mit Bügelfolie abdecken und bei Baumwolltemperatur aufbügeln. Nach dem Erkalten die Folie vorsichtig ablösen. Zwei einfache Schleifen aus Satinband legen, mit dem 3 mm breiten Band abbinden und an den aufgebügelten Schleifenbändern aufnähen. Abschließend die Sterne mit Bügelpapier abgedeckt auf die Wolke bügeln.

Als Decke einen einfachen Kopfkissenbezug von 80 x 80 cm nutzen. Die Sterne und Schleifenbänder laut Grundanleitung von Seite 5 vorbereiten. Das mehrfarbige Schleifenband benötigen Sie in 5-facher Ausführung. In der Mitte des Bezuges laut Abbildung die beiden Sterne rechts und links platzieren und die Schleifenbänder zum Rechteck legen. Alles mit Bügelpapier abdecken und durch langsame, kreisende Bewegungen festbügeln. Eine apricotfarbene Schleife legen und mit einem dünnen Bändchen abbinden. Die Schleife im Zwischenraum der aufgebügelten Schleifenbänder festnähen. Abschließend die aufbügelbaren Sterne ergänzen.

Fertig ist eine zauberhafte Garnitur.

Tipp!
Verwenden Sie für feine Linien oder Ausbesserungen an Konturen einen feinen schwarzen Textilstift.

Vanessa

Flieg, kleiner Schmetterling

Material
* weiß-blau-karierte Lauflernschuhe
* 1 gelbes T-Shirt
* 1 grüne Radlerhose
* schwarze Textilpen-Konturenfarbe
* Textil-Malpens:
  weiß, gelb, haut, braun, grün,
  signalrot, orange
* 2 kristallklare aufbügelbare Strasssteine,
  Ø 0,4 cm
* hellgrünes Satinband mit weißen
  Blümchen, 0,7 cm breit

Bei dieser hübschen Kollektion benötigen Sie zwei halbe Margeriten für die Schuhe und je eine für das T-Shirt und die Hose. Ergänzt werden die Kleidungsstücke durch je eine kleine und große Blüte und das T-Shirt außerdem durch einen lustigen Schmetterling.

Die Motive vom Vorlagenbogen auf die Malfolie übertragen. Die Zwischenräume der Konturen nach dem Trocknen laut Abbildung ausmalen sowie kleine weiße Lichtpunkte an den Flügeln einfügen. Den niedlichen Gesichtsausdruck des Schmetterlings durch kleine Sommersprossen und rote Bäckchen unterstreichen. Die Motive nach dem Trocknen von der Malfolie abziehen, auf den entsprechenden Kleidungsstücken anordnen und mit Bügelpapier abgedeckt aufbügeln.

Die Strasssteine an den unteren Flügelspitzen des Schmetterlings sorgen für einen zusätzlichen Blickfang.

Die Margeriten auf T-Shirt, Radler und Schuhen zaubern Ihnen die Sommerfrische auf Ihre Kleidung.

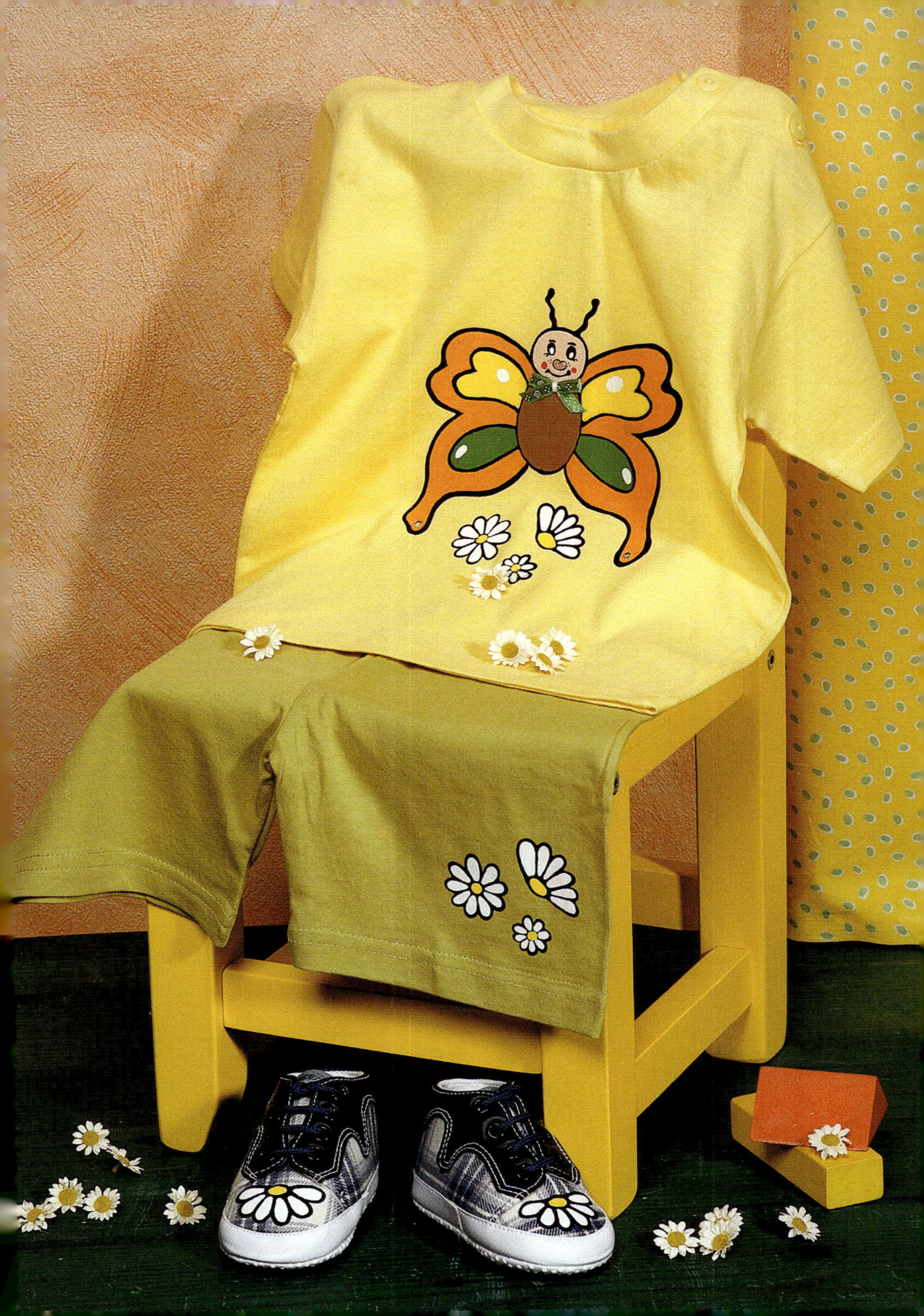

Fang dir einen Luftballon

Material
* weiße Lauflernschuhe mit Jeansbesatz
* weißer Kinderpullover
* Jeanshose
* schwarze Textilpen-Konturenfarbe
* Textil-Malpens:
weiß, gelb, hellblau, neongrün, braun, haut, flieder, signalrot, silber
* 6 silberne kleine aufbügelbare Pünktchen
* 14 kleine aufbügelbare Silbersterne
* fliederfarbenes Satinband, 0,4 cm breit

Die benötigten Motive in ausreichender Anzahl vom Vorlagenbogen auf die Malfolie übertragen. Das Gesicht, die Hände und Füße des Schmetterlings hautfarben ausmalen. Die Flügel laut Abbildung oder nach eigenen Vorstellungen bunt gestalten. Die spiralförmigen weißen Kreise erhalten Sie, indem Sie mit einem Zahnstocher die Farbe vom Rand aus nach außen ziehen. Nach jedem Strich den Zahnstocher abwischen. Die Ballons in Flieder und Silber ausmalen. Die Ballons für die Lauflernschuhe mit weißen Lichtreflexen versehen.

Die Motive nach dem Trocknen von der Folie abziehen und auf die jeweiligen Kleidungsstücke bzw. Schuhe auflegen. Alles mit Bügelpapier abdecken und festbügeln. Die Sterne in Form eines Schweifes auf dem T-Shirt aufbügeln. Außerdem schmücken drei der Sterne den großen Ballon des Schmetterlings. Die lilafarbenen Ballons der Hose mit je drei kleinen aufbügelbaren Pünktchen schmücken.

Abschließend eine kleine fliederfarbene Schleife an den Hals des Schmetterlings nähen.

Tipp!
Die Luftballons können auch einzeln auf dem Pullover arrangiert werden.

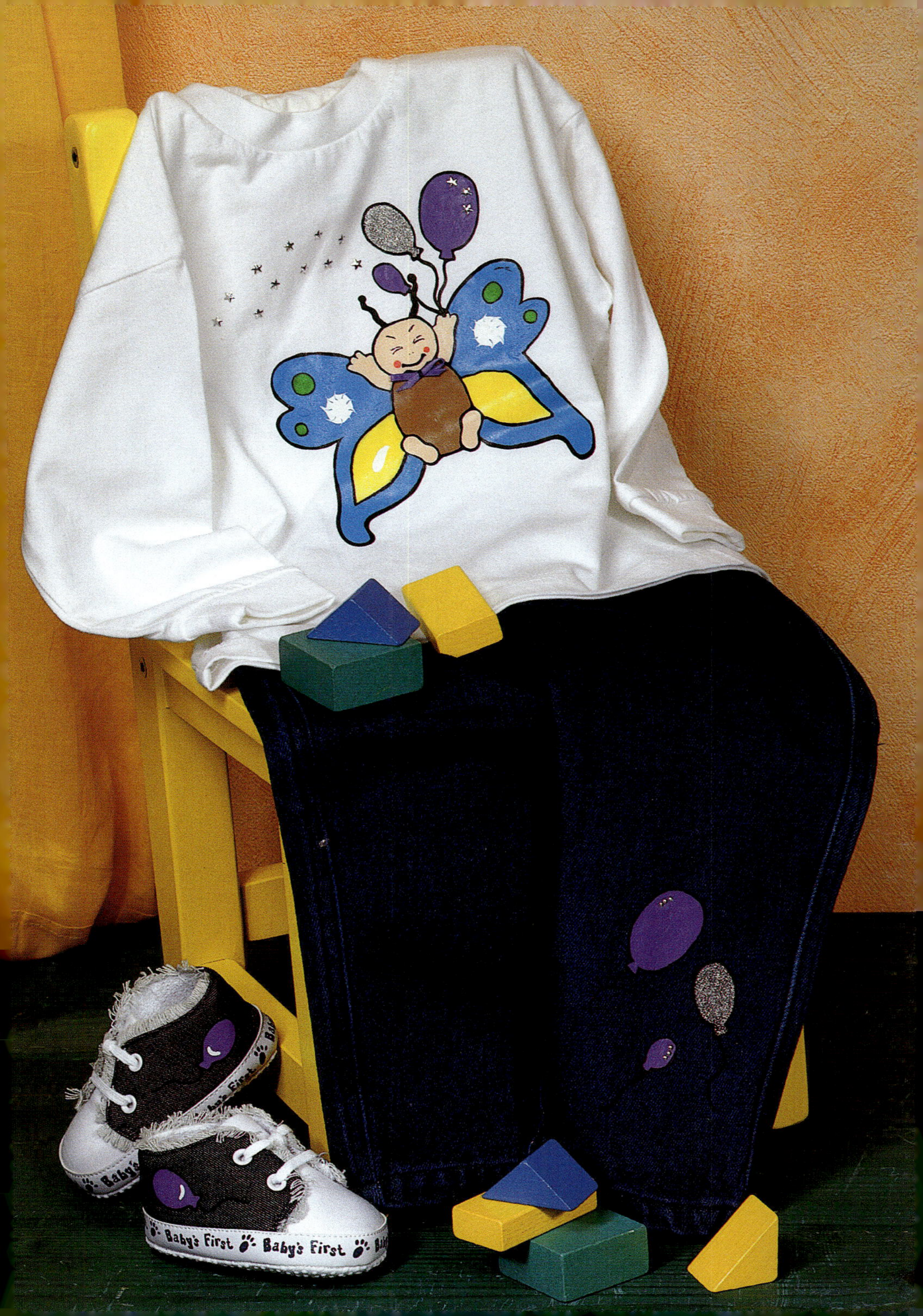
Baby's First Baby's First

Filztasche „Rudi Rentier"

Material
* violette Filztasche
* schwarze Textilpen-Konturenfarbe
* Textil-Malpens:
weiß, gelb, signalrot, rubinrot, hellblau, dunkelblau, haut, orange, braun, silber, flieder

Fünf Schneeflocken in Weiß und die Umrisse des Rentiers in schwarzer Konturenfarbe vom Vorlagenbogen auf die Malfolie übertragen. Nach dem Trocknen der Kontur das Rentier laut Abbildung farblich gestalten. Dabei nicht die roten Pünktchen an der grünen Ferse der Socke und den weißen Lichtreflex auf der Nase vergessen. Auf der getrockneten Socke mit einem schwarzen Textilstift Nähte andeuten, dem Rentier kleine Fältchen an den Augen verpassen und die roten Wangen einkreisen. Das Rentier und die Schneeflocken von der Malfolie abziehen und auf der Filztasche anordnen. Die Szene mit Bügelpapier abdecken und das Bügeleisen ca. 15 Sek. mit Druck auf die Motive pressen. Anschließend drei Minuten mit leichtem Druck und unter ständiger Bewegung die Motive endgültig auf der Tasche befestigen. Das Bügelpapier vollkommen abkühlen lassen und abziehen.

I Love Teddy-Bears

Material
* lilafarbenes Brillenetui aus Filz
* pastellgrünes T-Shirt
* hellblaue Jeansjacke
* kleine weiße Baumwolltasche
* schwarze Textilpen-Konturenfarbe
* Textil-Malpens:
braun, haut, weiß, gold, silber, signalrot
* schwarzer Textilstift

Übertragen Sie mit der schwarzen Konturenfarbe die Motive vom Vorlagenbogen auf die Malfolie. Die Innenflächen nach dem Trocknen der Kontur farbig gestalten. Dabei die weißen Lichtreflexe auf den Nasen der Bären nicht vergessen.

Anschließend bei den getrockneten Bären mit dem schwarzen Textilstift kleine Feinheiten einarbeiten. Der seitliche Bär für das grüne Shirt erhält kleine Augenfältchen. Beim Bären für die weiße Stofftasche die Ohrinnenfläche umkreisend andeuten.

Alle Motive von der Malfolie abziehen, laut Abbildung auf den jeweiligen Textilien positionieren und mit Bügelpapier abdecken. Mit langsamen, kreisenden Bewegungen die Motive aufbügeln. Die Bügelfolie nach dem Erkalten vorsichtig abziehen.

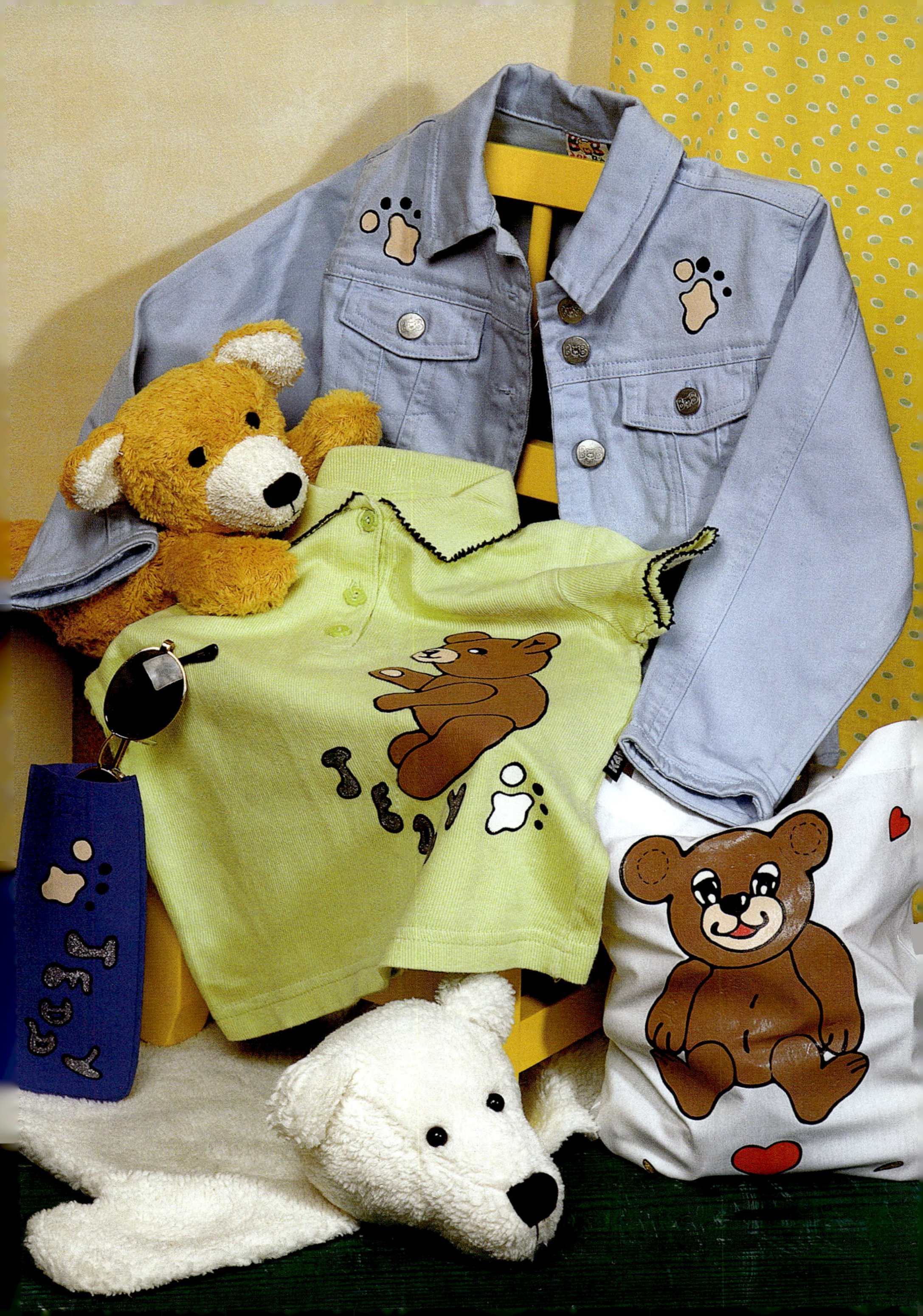
Teddy
Teddy

Girly-Bustier-Sets

Material
* Bustier- Sets: rosa, türkis
* schwarze Textilpen-Konturenfarbe
* Textil-Malpens:
  weiß, himbeer, hellblau,
  silber, transparent
* 3 kleine quadratische
  kristallklare Strasssteine
* schwarzer Textilstift

Rosa Wäsche

Die Silberornamente und Pünktchen vom Vorlagenbogen ohne Kontur mit der silbernen Farbe auf die Malfolie übertragen und trocknen lassen. Von der Malfolie abziehen und eventuelle Unebenheiten mit der Schere beischneiden. Die Ornamente entsprechend auf das Ober- und Unterteil auflegen, mit Bügelpapier abdecken und durch Bügeln fixieren. Das Bügelpapier nach dem Abkühlen entfernen. Die feinen schwarzen Umrandungen, durch die die Ornamente erst richtig zur Geltung kommen, mit dem Textilstift auftragen. Achten Sie darauf, dass der Baumwollstoff nicht mit dem Stift in Berührung kommt, da die Farbe sonst breitläuft.

Bustier-Set in Türkis

Die Konturen der Motive vom Vorlagenbogen auf die Malfolie übertragen. Nach dem Trocknen den Schriftzug und die Pfeile silberfarben ausmalen. In die weiße Wolke hellblaue Schattierungen einarbeiten. Die hellblaue Farbe am Rand der Wolke auftragen und diese mit der Spitze eines Zahnstochers in die noch feuchte weiße Grundierung hineinziehen.

Das Herz zum Großteil in Himbeer kolorieren, die übrige Fläche transparentfarben ergänzen. Den heranfliegenden Silberpfeil durch schwarze dünne Linien hervorheben.

Platzieren Sie das Herzmotiv mittig auf dem Oberteil und den Schriftzug mit dem Pfeil auf dem Unterteil des Bustier-Sets. Beides mit Bügelpapier abdecken und die Motive mit dem Bügeleisen durch kreisende Bewegungen fixieren. Das Bügelpapier nach dem Abkühlen ablösen.

Die Strasssteine auf dem Herz arrangieren und mit Bügelpapier abgedeckt durch Aufbügeln fixieren.

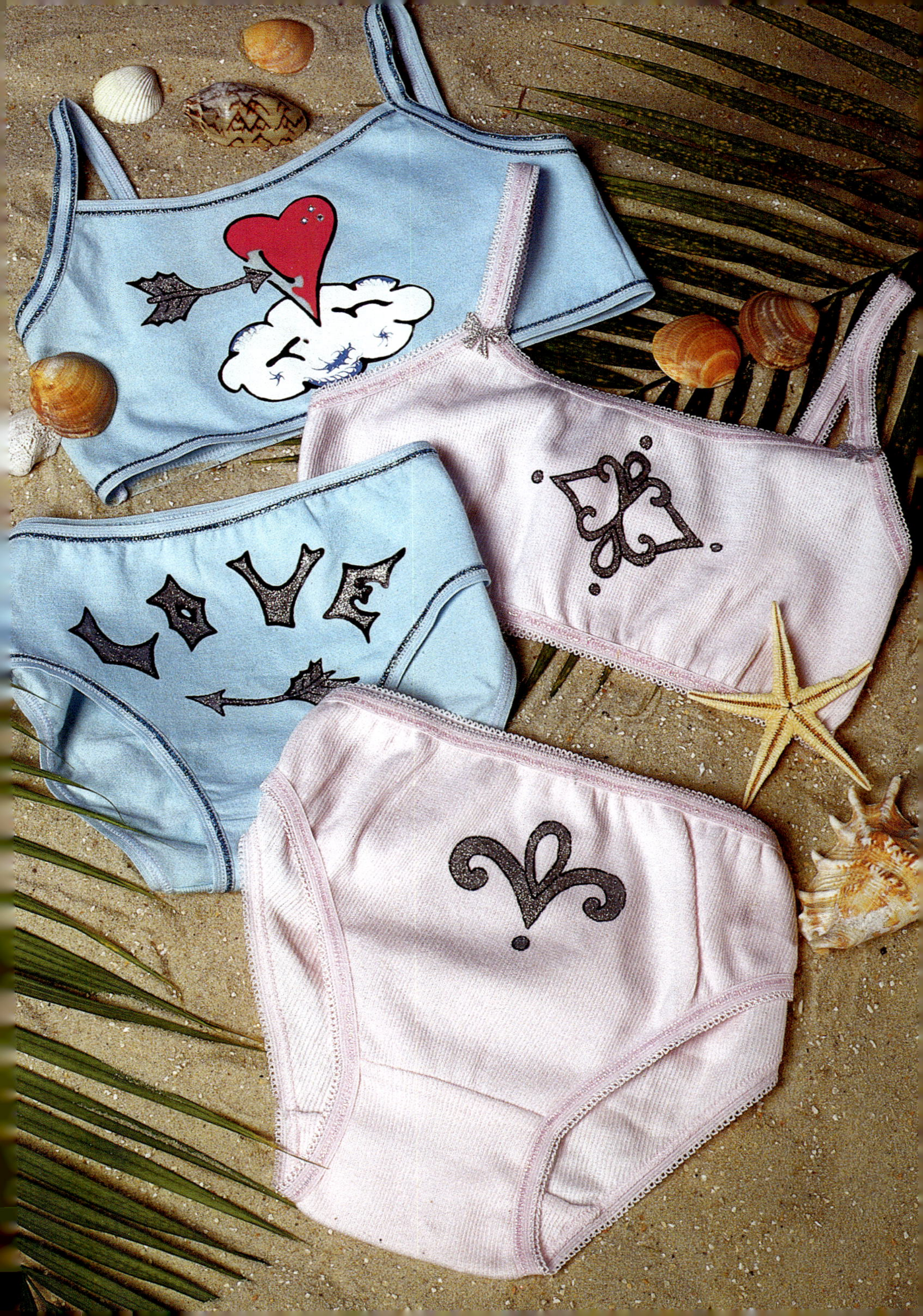
LOVE

Maritim

Material
* weißes Baumwoll-Shirt
* fliederfarbenes T-Shirt
* dunkelblauer Seesack
* schwarze Textilpen-Konturenfarbe
* Textil-Malpens:
gold, hellblau, dunkelblau, weiß, gelb, rubinrot, haut, silber, braun
* 3 kristallklare Strasssteine, Ø 0,4 cm

Baumwoll-Shirt

Bereiten Sie die Motive laut Grundanleitung von Seite 5 vor. Das Bügeleisen auf Baumwolltemperatur erwärmen. Die hell- und dunkelblauen Dreiecke um den goldenen Anker herum zu einem sechszackigen Stern anordnen, mit Bügelpapier abdecken und das Bügeleisen ca. 15 Sekunden mit Druck auf das Motiv pressen. Anschließend drei Minuten mit leichtem Druck und unter ständiger Bewegung das Motiv endgültig auf dem Stoff befestigen. Das Bügelpapier vollkommen abkühlen lassen und abziehen. Drei Strasssteine auf dem Anker platzieren, das Motiv nochmals mit Bügelpapier abdecken und die Steine festbügeln.

Seesack

Übertragen Sie die maritimen Motive vom Vorlagenbogen mit Konturenfarbe auf die Malfolie. Die Wellen ohne Kontur in blauer Farbe auf die Malfolie malen. Nach dem Trocknen der Konturenfarbe den Leuchtturm und die Muscheln farbig gestalten. Der marmorierte Effekt der Muscheln wird erzielt, indem z.B. beim Seestern ein Tröpfchen rote Farbe in die Mitte der feuchten Hautfarbe gesetzt wird. Nun mit einem Zahnstocher das Rot nach außen ziehen. Nach jedem Strich den Zahnstocher an einem Tuch säubern und erneut die Farbe an anderer Stelle aus der Mitte herausziehen.

Nach dem Trocknen alle Motive von der Malfolie abziehen. Eventuelle Unebenheiten z.B. an den Wellen nun mit einer Schere korrigieren. Den Seesack faltenfrei auf eine harte Unterlage legen und die Motive auf dem Sack anordnen. Das Bügelpapier über dem gesamten maritimen Design ausbreiten und die Motive mit dem auf Baumwolltemperatur vorgewärmten Bügeleisen auf dem Seesack fixieren. Nach dem Abkühlen das Bügelpapier vorsichtig entfernen.

T-Shirt in Flieder

Den Fisch und die Luftblasen vom Vorlagenbogen auf die Malfolie übertragen und nach dem Trocknen der Konturenfarbe laut Abbildung farblich gestalten. Nach einer Trockenzeit von 2 - 6 Stunden die Motive von der Malfolie abziehen, auf dem T-Shirt platzieren und mit Bügelpapier abdecken. Den Fisch samt Luftblasen festbügeln und das Bügelpapier nach dem Erkalten vorsichtig abziehen.

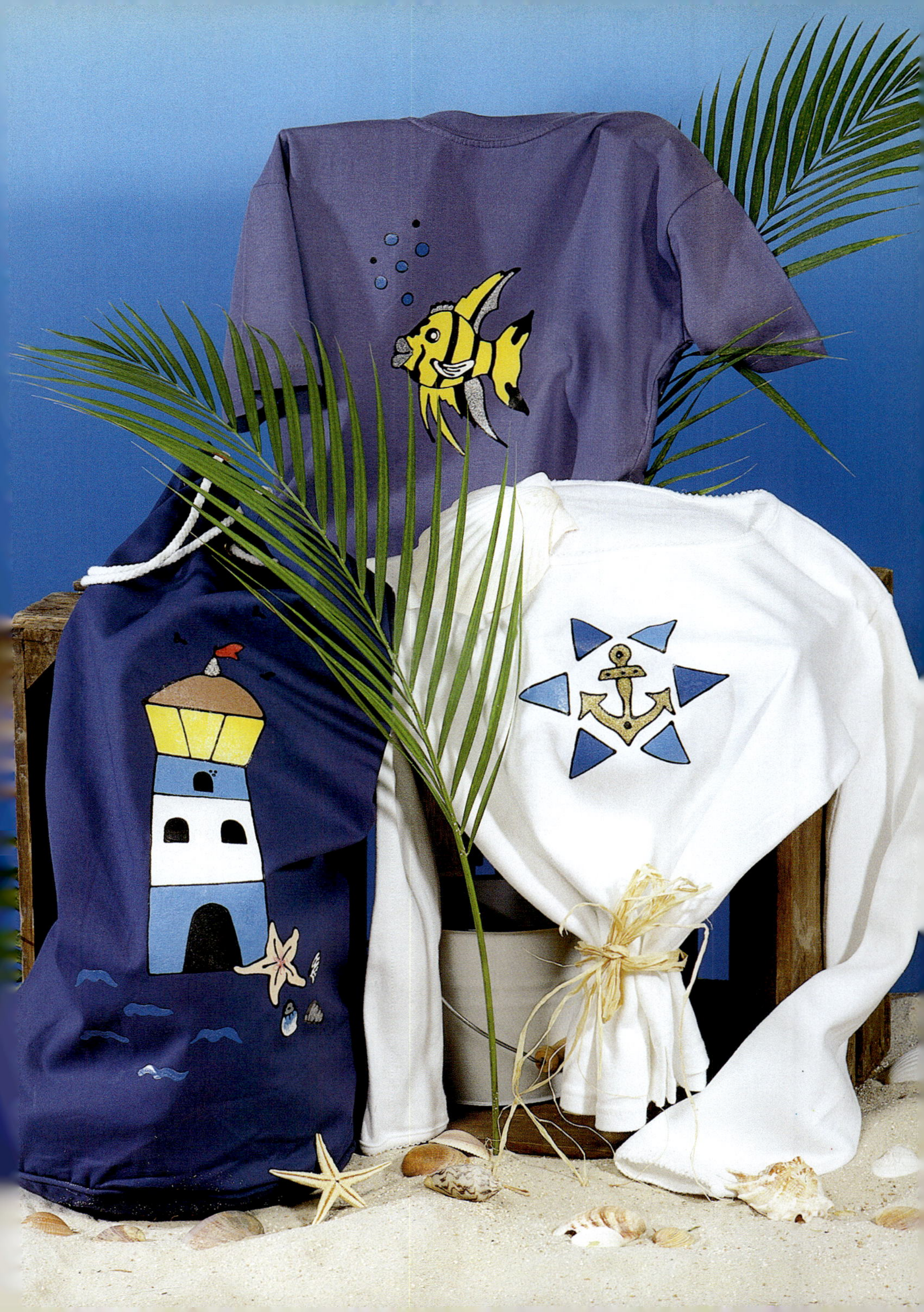

Ornamente im Edellook

Legen Sie die Malfolie auf den Vorlagenbogen und übertragen die Konturen der jeweiligen Ornamente in ausreichender Anzahl. Die Motive für die Hose und die Tasche werden je zweimal benötigt. Nach dem Trocknen die Freiräume zwischen der Konturenfarbe laut Abbildung weiß und goldfarben ausmalen. Die fertigen Ornamente nach ausreichender Trockenzeit von der Malfolie abziehen. Am Ansatz der weißen Flächen der Hosenmotive mit einem schwarzen Textilstift zarte Linien andeuten. Das Bügeleisen auf Baumwolltemperatur vorheizen. Die Motive auf den Außenseiten der Hosenbeine, mittig auf dem Shirt und auf der Tasche (S. 25) anordnen, mit Bügelpapier abdecken und mittels Bügeln fixieren. Abschließend die Strasssteinchen laut Abbildung platzieren, mit Bügelpapier abdecken und festbügeln.

Jeanslook

Material
* brauner Strickpullover mit Jeans-Stretchkorsage
* Jeanstasche in Blau
* schwarze Textilpen-Konturenfarbe
* goldener Textil-Malpen
* 6 kleine, kristallklare Strasssteine, Ø 0,4 cm
* 1 rosa Strassstein, Ø 0,7 cm

Die Ornamente vom Vorlagenbogen mit Konturenfarbe auf die Malfolie übertragen. Nach dem Trocknen der Kontur die Motive golden ausmalen und erneut trocknen lassen. Die Motive abziehen und auf dem Pullover und der Tasche laut Abbildung oder nach Belieben anordnen. Das Bügeleisen auf Baumwolltemperatur vorwärmen. Die Ornamente mit Bügelpapier abdecken und das Bügeleisen ca. 15 Sekunden mit Druck auf die Motive pressen. Anschließend drei Minuten mit leichtem Druck und unter ständiger Bewegung die Motive endgültig auf dem Pullover und der Tasche befestigen. Das Bügelpapier vollkommen abkühlen lassen und abziehen. Die sechs kleinen Strasssteine auf dem Motiv des Pullovers und den rosafarbenen Strassstein auf der Tasche laut Abbildung platzieren, die Ornamente nochmals mit Bügelpapier abdecken und die Steine festbügeln.

Material für Abb. links
* weißer Rollkragenpullover ohne Ärmel
* camelfarbene 3/4 Hose
* schwarze Textilpen-Konturenfarbe
* Textil-Malpens: gold, weiß
* 8 kristallklare Strasssteine, Ø 0,4 cm
* schwarzer Textilstift

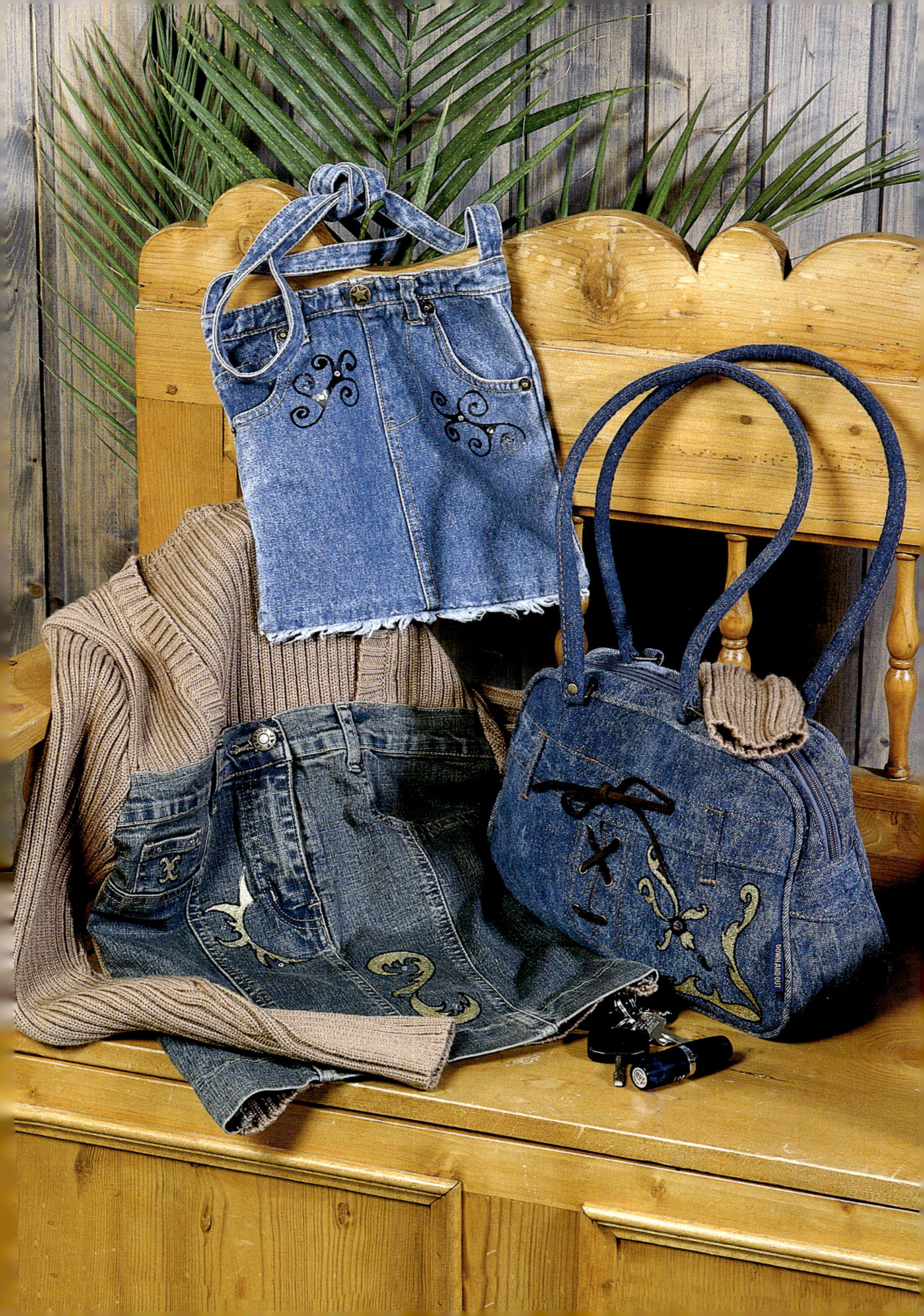

Herbstfeeling

Material

* weiße Baumwolltischdecke, 80 x 80 cm
* Seidenmal-Fensterbild, Ø 20 cm
* 2 weiße Baumwoll-Eierwärmer
* schwarze Textilpen-Konturenfarbe
* Textil-Malpens: weiß, gelb, orange, grün, signalrot
* orangefarbene Kordel, 0,3 mm breit, ca. 85 cm lang
* Naturbast
* schwarzer Textilstift

Tischdecke

Das Kürbisarrangement und die Blätter in ausreichender Anzahl vom Vorlagenbogen auf die Malfolie übertragen und nach dem Trocknen ausmalen. Die Kürbisse im oberen Bereich mit weißen Lichtreflexen versehen. Nach dem Trocknen der Farben mit einem schwarzen Textilstift feine Falten auf den Kürbissen andeuten und alle Motive von der Malfolie abziehen. Die Kürbisse im Herbstlaub in einer Ecke der Tischdecke platzieren und die Blätter zu beiden Seiten zu Ranken arrangieren.

Die herbstlichen Motive mit Bügelpapier abdecken und mit dem auf Baumwolltemperatur vorgewärmten Bügeleisen auf der Tischdecke fixieren. Nach dem vollständigen Erkalten das Bügelpapier vorsichtig entfernen.

Fensterbild

Für das hübsche Fensterbild benötigen Sie lediglich das Kürbismotiv. Fertigen Sie es an, wie bei der Tischdecke beschrieben. Das Herbstmotiv auf dem Seidenbild platzieren und mit Bügelpapier abgedeckt aufbügeln. Das Bügelpapier nach dem Erkalten entfernen. Aus Bast drei kleine Schleifen legen und an den Strünken der Kürbisse befestigen. Um das Bild herum eine orangefarbene Kordel mit Aufhängung und gebundener Schleife festkleben.

Eierwärmer

Passend zur Tischdecke die Eierwärmer einseitig mit zwei sich kreuzenden Herbstblättern versehen. Hierfür die Blätter vom Vorlagenbogen auf die Malfolie übertragen, ausmalen und nach dem Trocknen von der Folie abziehen. Anschließend die Blätter mit Bügelpapier abdecken und auf den Eierwärmern festbügeln. Das Bügelpapier erst nach dem Abkühlen entfernen.

Tipp!

Die rotbraune Blattfarbe erhalten Sie, wenn rot und braun miteinander gemischt werden.

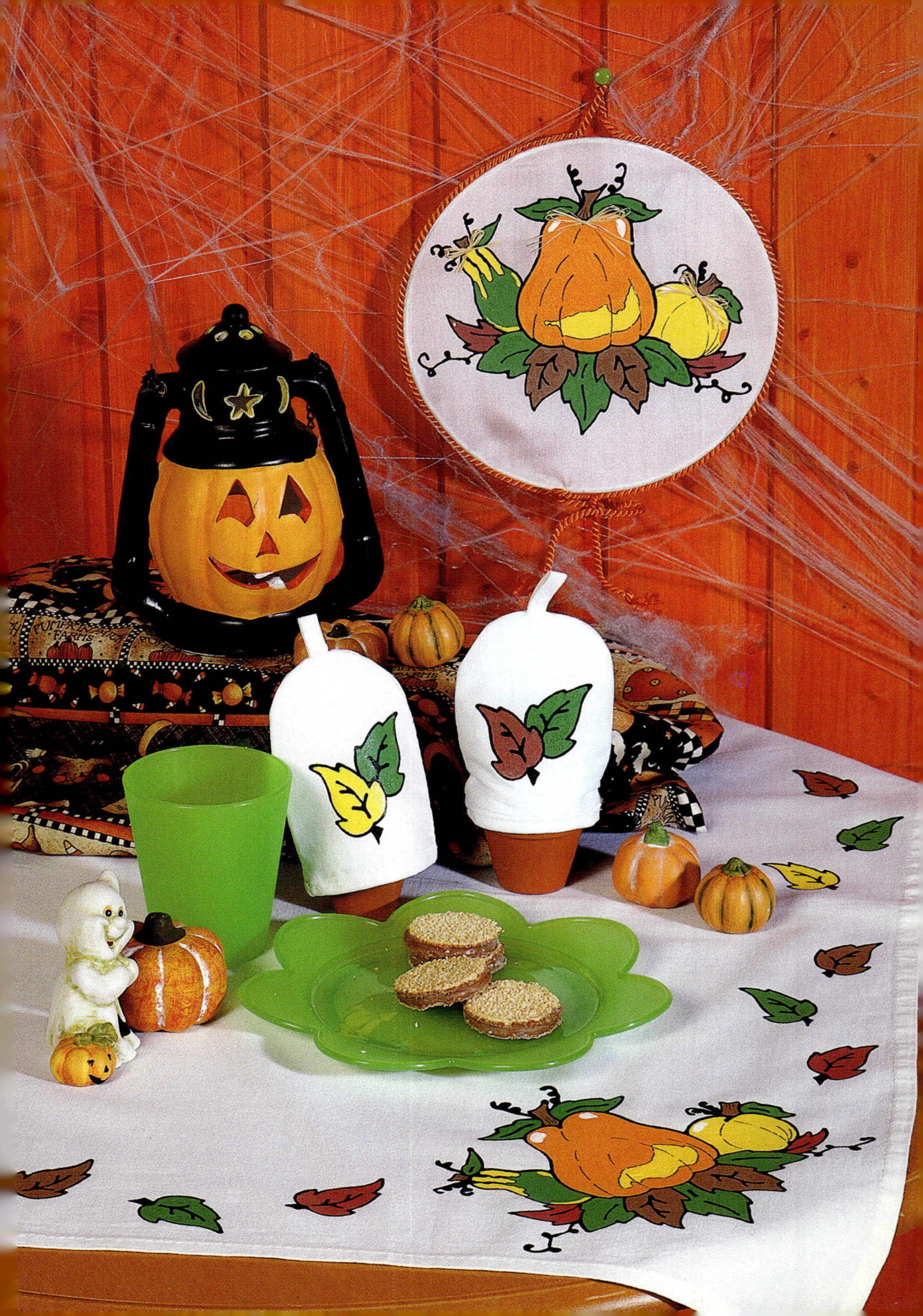

Kürbis, Geist & Spinnennetz

Material
* schwarzer Pullover mit Rundausschnitt
* hellblauer Rollkragenpullover
* Jeansbrustbeutel
* schwarze Textilpen-Konturenfarbe
* Textil-Malpens:
  orange, signalrot, grün, braun, haut, gelb, flieder, rubinrot
* 3 kristallklare Ministrasssteine, Ø 0,2 cm
* Feinmaldüse, Ø 0,5 mm
* schwarzer Textilstift

Rollkragenpullover
Den Geist mit silberfarbener Kontur, den Kürbis, die Sterne und die Fledermaus mit schwarzer Kontur vom Vorlagenbogen auf die Malfolie übertragen. Die Sterne gelb und fliederfarben ausmalen. Das Gespenst weiß und den Kürbis orange gestalten. Die hautfarbene Nase und die Augen des Geistes sowie des Kürbisses erhalten weiße Lichtreflexe. Die silberfarbene Kontur, die Nase und die roten Wangen des Geistes mit dem schwarzen Textilstift umfahren. Kinn und Wimpern ebenfalls mit dem Textilstift auftragen. Den Mund und die Falten des Kürbisses mit schwarzem Textilstift aufmalen. Alle Motive von der Malfolie abziehen. Die gelben und fliederfarbenen Sterne beidseitig um das Gespenst herum auf dem Pullover anordnen. Dazu gesellt sich eine kleine schwarze Fledermaus. Das Bügeleisen auf Baumwolltemperatur vorwärmen. Die gesamte Szene mit Bügelpapier abdecken und mit dem Bügeleisen fixieren. Nach dem Erkalten das Papier entfernen.

Kürbis-Shirt
Den Kürbis einschließlich Ranken mit einer silberfarbenen Kontur vom Vorlagenbogen auf die Malfolie übertragen. Nach dem Trocknen den Kürbis laut Abbildung farblich gestalten. Für ein lebendigeres Aussehen die Nase mit einem weißen Lichtreflex betupfen. Die Wimpern mit einem schwarzen Textilstift auftragen sowie die silbernen Konturen von Kürbis, Blattwerk und Herzen damit umfahren. Mit der Feinmaldüse die silbernen Wangen auftragen. Den Kürbis von der Malfolie abziehen, auf dem Shirt platzieren und mit Bügelpapier abgedeckt festbügeln. Zwei kleine Strasssteine auf den Herzen anordnen, mit Bügelpapier abdecken und ebenfalls festbügeln.

Brustbeutel
Mit Hilfe einer Feinmaldüse das Spinnennetz mit weißer Farbe auf die Malfolie übertragen und nach dem Trocknen die einzelnen Fäden mit einem schwarzen Textilstift umranden. Die Spinne in der Mitte des Netzes platzieren, nach dem Trocknen von der Malfolie abziehen und auf den Brustbeutel legen. Das Motiv mit Bügelpapier abgedeckt aufbügeln. Einen kleinen Strassstein auf die Kreuzmitte legen, nochmals mit Bügelpapier abdecken und den Stein mittels Bügeln auf der Spinne befestigen.

Winterset „Snowman"

Material
* 2-teiliges Kinderbaumwoll-Set: dunkelblau, fliederfarben
* schwarze Textilpen-Konturenfarbe
* Textil-Malpens: weiß, gelb, signalrot, rubinrot, hellblau, dunkelblau, haut, orange, braun, silber, flieder

Pullover und Hose

Den Schriftzug „Snowman" mit silberner Farbe, die Schneeflocken mit weißer Farbe vom Vorlagenbogen auf die Malfolie übertragen. Der Schneemann und der Stern erhalten die gewohnte schwarze Kontur. Nach dem Trocknen der Konturenfarbe den Schneemann und den Stern laut Abbildung ausmalen. Der Zylinder des Schneemanns erhält sein leicht marmoriertes Grau durch das Mischen der Farben Weiß und Schwarz.

Sind die Farben getrocknet, werden mit dem schwarzen Textilstift letzte Feinheiten hervorgehoben. Die dicke Karottennase und die vor Kälte geröteten Wangen umranden sowie die lustigen Augen mit Augenbrauen und Fältchen versehen. Den silberfarbenen Schriftzug ebenfalls mit dem schwarzen Textilstift umrahmen. Alle Motivteile von der Malfolie abziehen.

Den Schneemann von zwei Schneeflocken, dem Stern und dem Schriftzug umgeben auf dem Shirt platzieren. Drei Schneeflocken finden ihren Platz am unteren Ende eines Hosenbeins. Die Motive mit Bügelpapier abgedeckt aufbügeln. Abschließend nach dem Erkalten vorsichtig das Papier ablösen.

Weihnachtsbäckerei

Material
* weiße Baumwollschürze
* schwarze Textilpen-Konturenfarbe
* Textil-Malpens: weiß, gelb, haut, braun, silber, rubinrot, schwarz
* goldene Bügelmetallfolie
* Satinband mit Goldlurex, 0,5 cm breit
* schwarzer Textilstift

Übertragen Sie alle benötigten Motivteile vom Vorlagenbogen auf die Malfolie. Nach dem Trocknen alles laut Abbildung farblich gestalten. Das getrocknete Nudelholz mit dem schwarzen Textilstift an der hautfarbenen linken und oberen Kante zart stricheln. Die silberfarbenen Halbkreise auf den Kochlöffeln ebenfalls mit dem schwarzen Textilstift umranden. So kommen diese besser zur Geltung. Alle Motive von der Malfolie abziehen. An allen vier Seiten der Tasche die schwarzen Bordüren anordnen. Den Lebkuchen leicht schräg in der Mitte platzieren. Das Nudelholz über der Tasche und die beiden Kochlöffel schräg unterhalb der Tasche auflegen. Die Motive mit Bügelpapier abdecken und auf der Schürze festbügeln. Anschließend die Sterne auf der Schürze verteilen. Jeden Stern mit der goldfarbenen Metallfolie abdecken. Die glänzende Effektseite kommt nach oben. Mit langsamen kreisenden Bewegungen die gesamte Fläche eines jeden Sterns ca. 1 Minute mit Druck bügeln. Dabei das Bügeleisen nicht schieben. Die Bügelmetallfolie vollständig abkühlen lassen und gleichmäßig vorsichtig abziehen. Zwei Schleifen aus dem Satinband legen und an den Kochlöffeln festnähen.

Nun kann die Weihnachtsbäckerei beginnen.

Tipp!
Konturen oder kleine Akzente in Gold oder Silber mit feinen schwarzen Linien versehen, lassen das Motiv ausdrucksvoller erscheinen.